Mark Lidzbarski

Handbuch der nordsemitischen Epigraphik

ausgewählte Inschriften Tafeln

Mark Lidzbarski

Handbuch der nordsemitischen Epigraphik
ausgewählte Inschriften Tafeln

ISBN/EAN: 9783744632386

Hergestellt in Europa, USA, Kanada, Australien, Japan

Cover: Foto ©ninafisch / pixelio.de

Weitere Bücher finden Sie auf **www.hansebooks.com**

ZAHLENTAFEL.

SCHRIFTTAFEL III.

ALTHEBRÄISCH u. SAMARITANISCH.

IIa. HEBR. QUADRATSCHR.

TAF. XLV

SCHRIFTTAFEL II. ARAMAISCH.

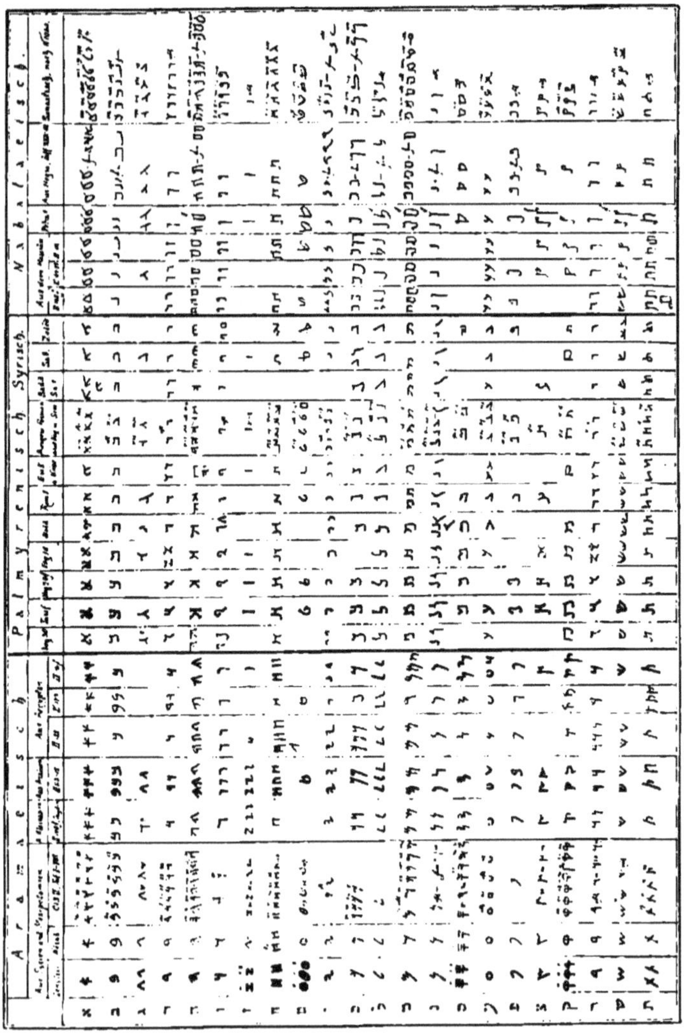

SCHRIFTTAFEL I. PHÖNIZISCH

1

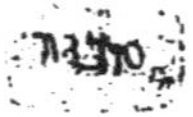

2

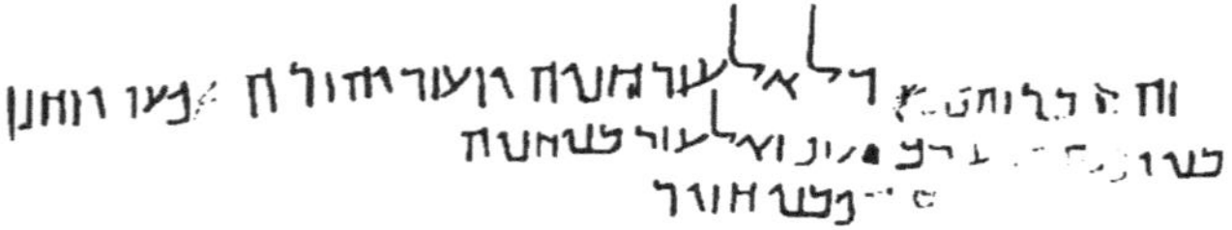

3

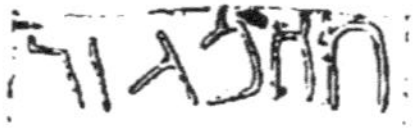

4

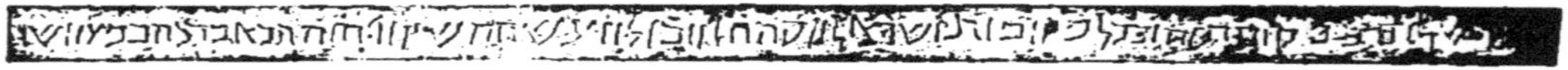

5

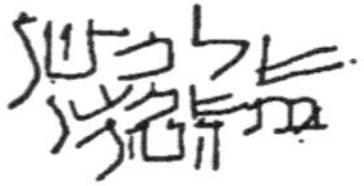

6

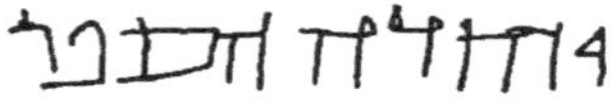

9

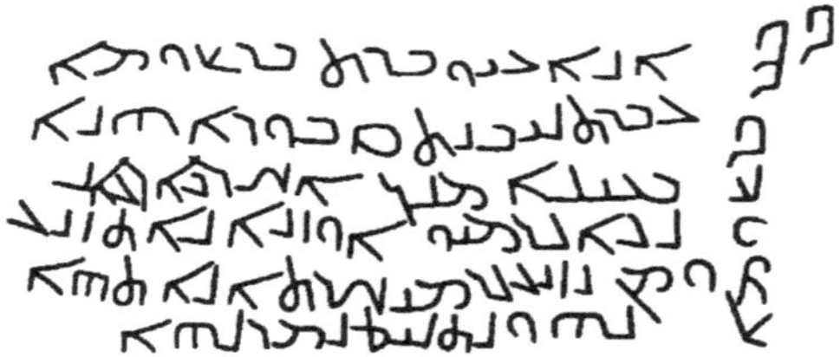

7

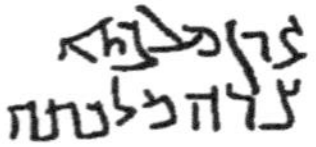

8

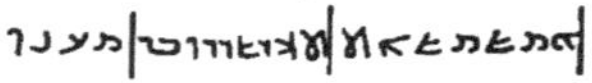

10

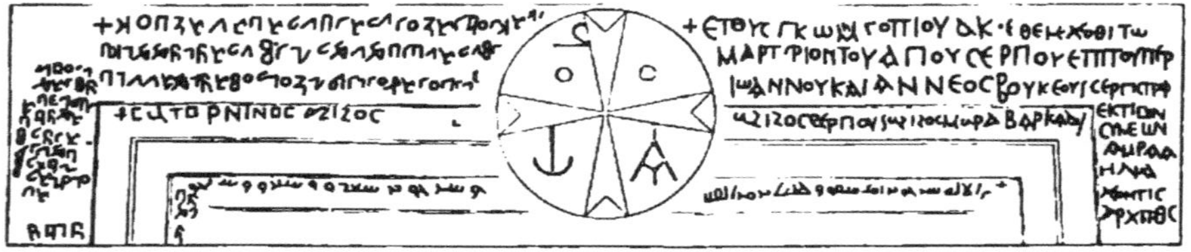

1

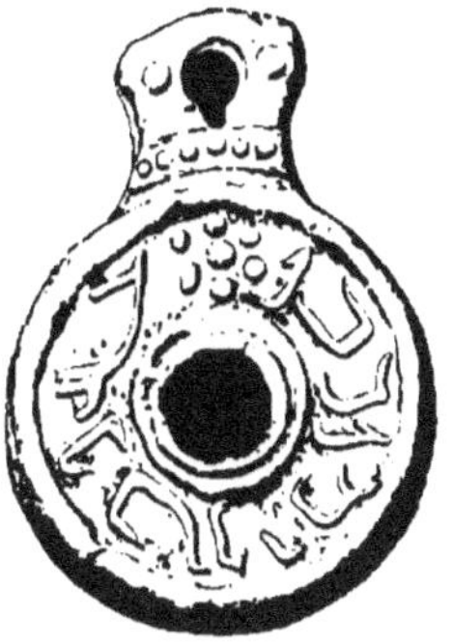

2

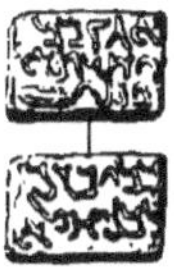

3

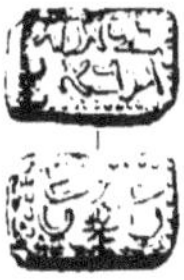

4

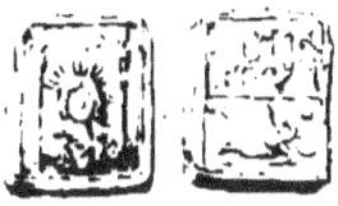

5

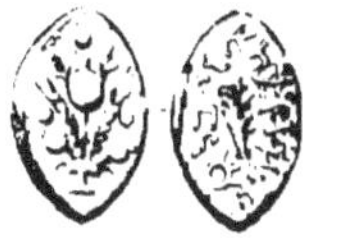

6

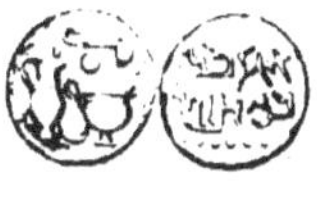

7

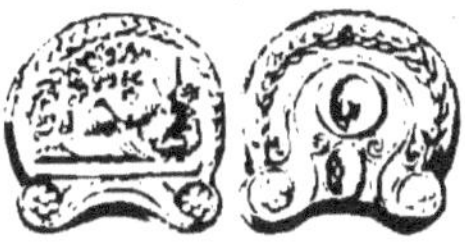

8

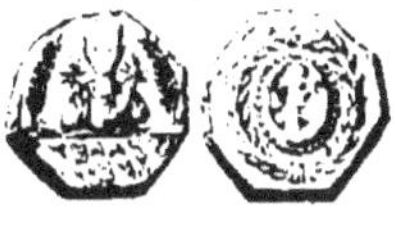

9

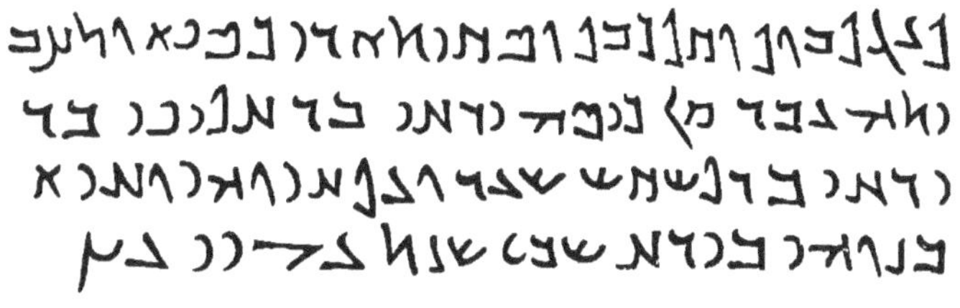

10

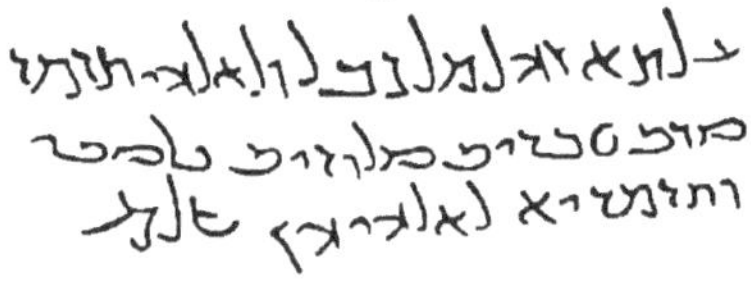

1

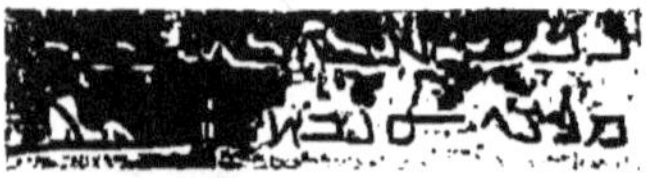

2

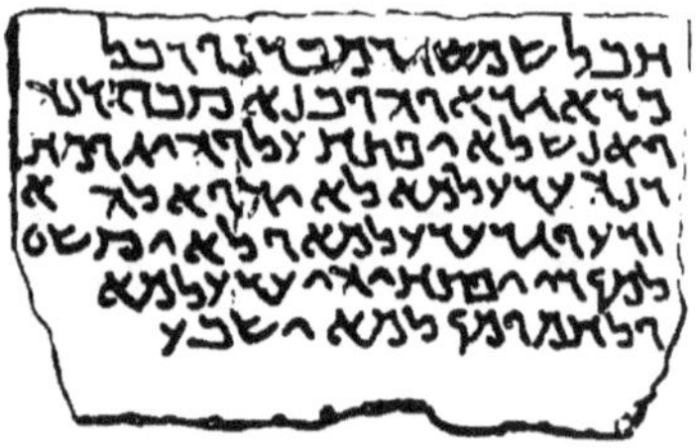

3

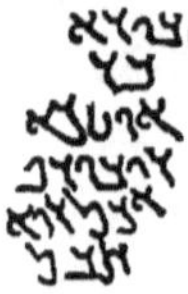

4

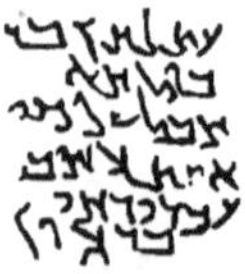

5

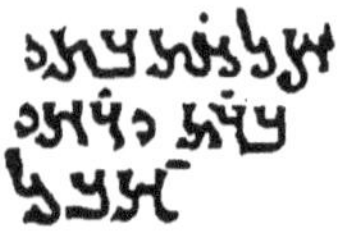

6

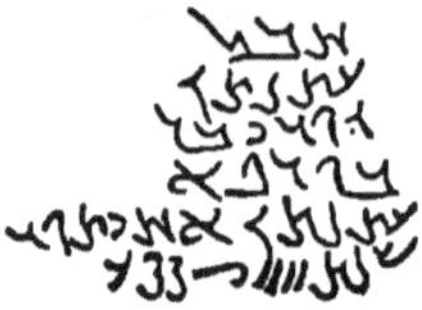

7

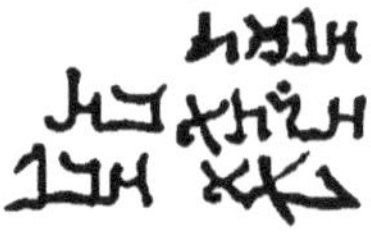

8

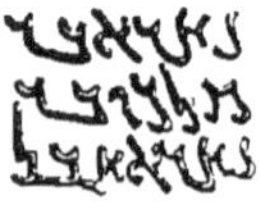

9

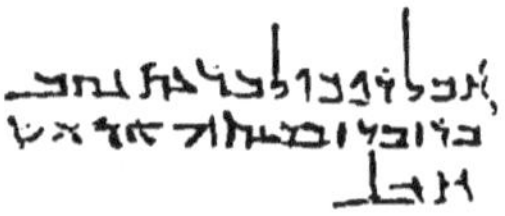

10

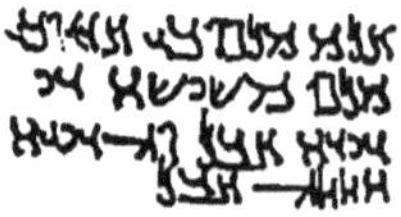

11

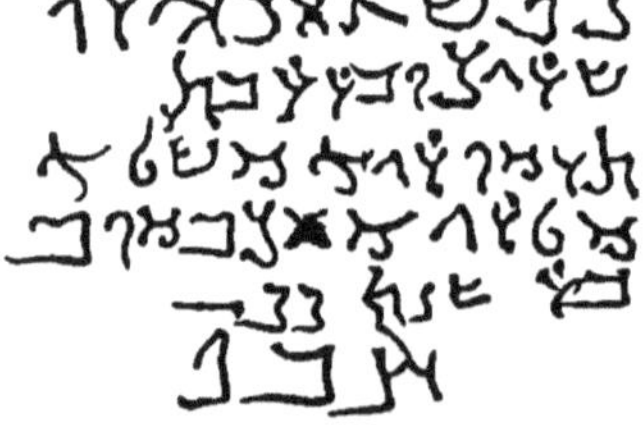

12

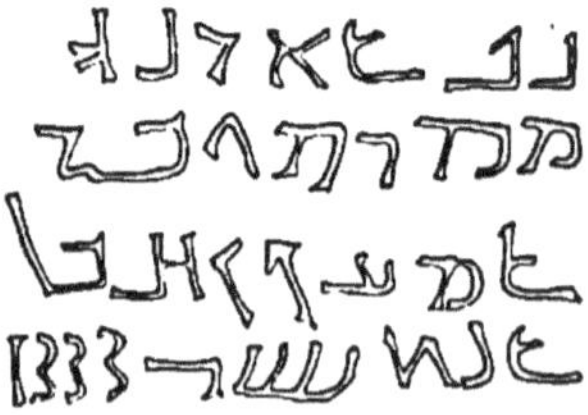

13

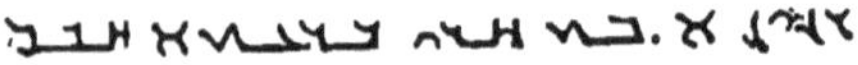

2

1

3   4   5

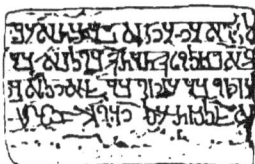

6   7   8

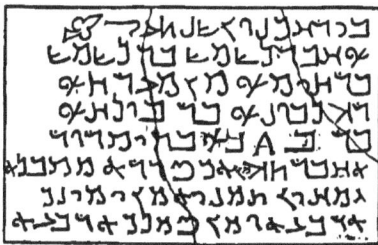

10   9   11

12

PALMYRENISCH.

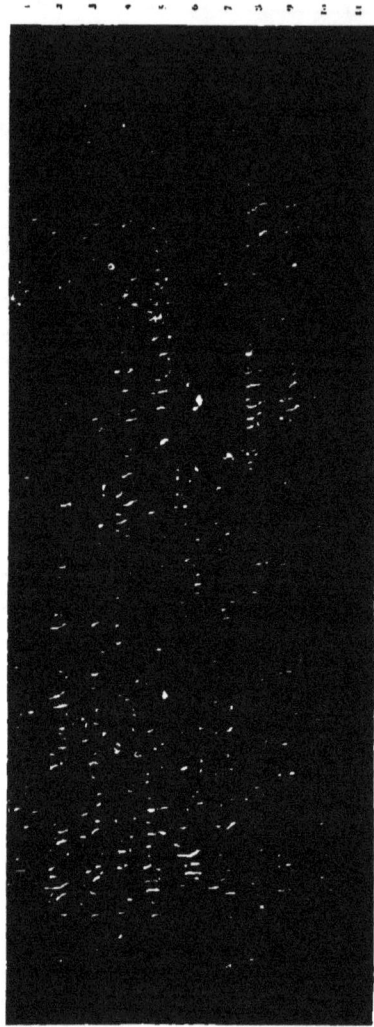

1

3

2

4

5

7

6

8

9

10

1

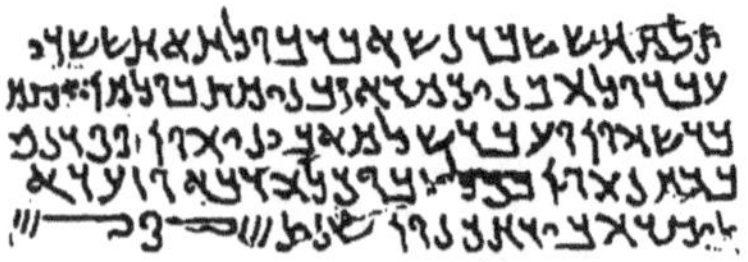

2

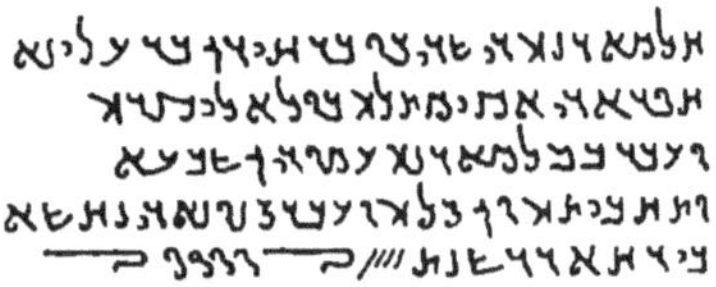

3

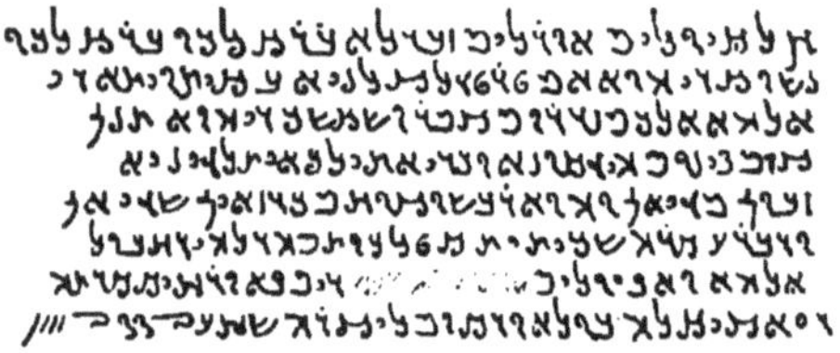

4

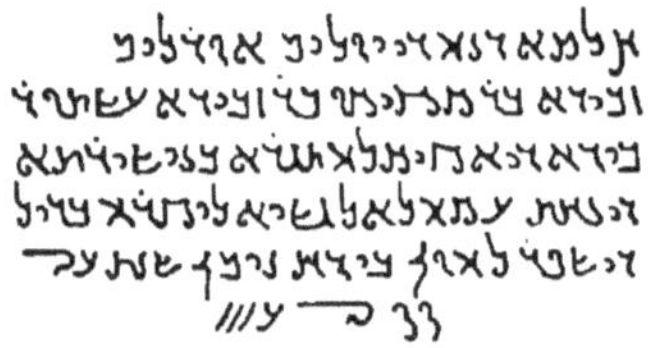

5

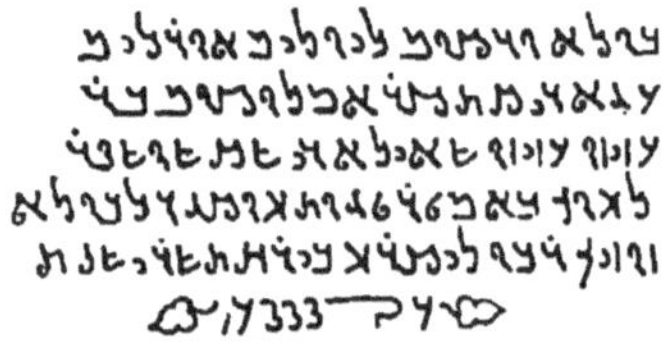

6

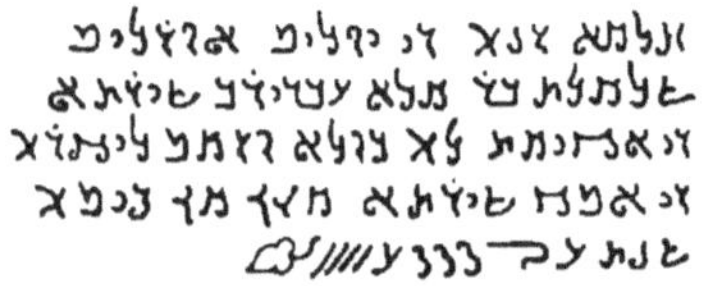

7

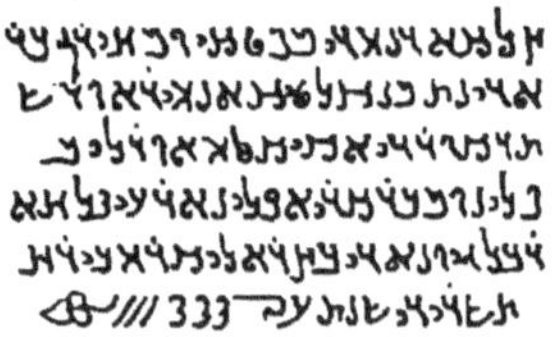

8

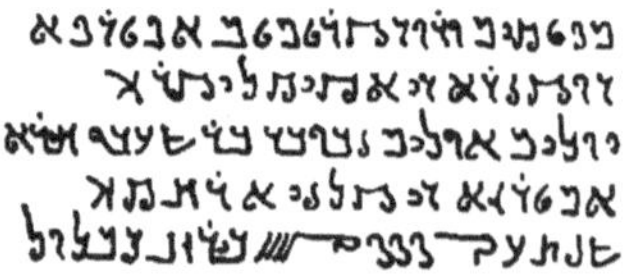

9

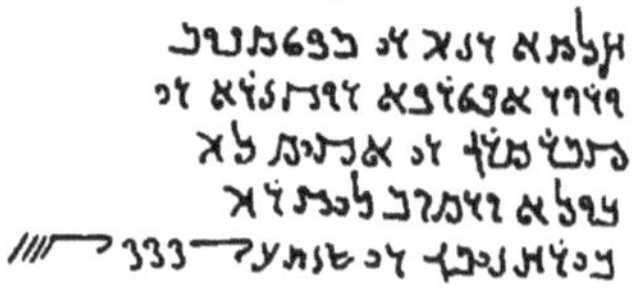

1

2

3

4

5

6

7

8

9

10

11

12

13

1

4

2

5

3

6

7

8

9

10

12

11

13

15

16

14

17

18

19

20

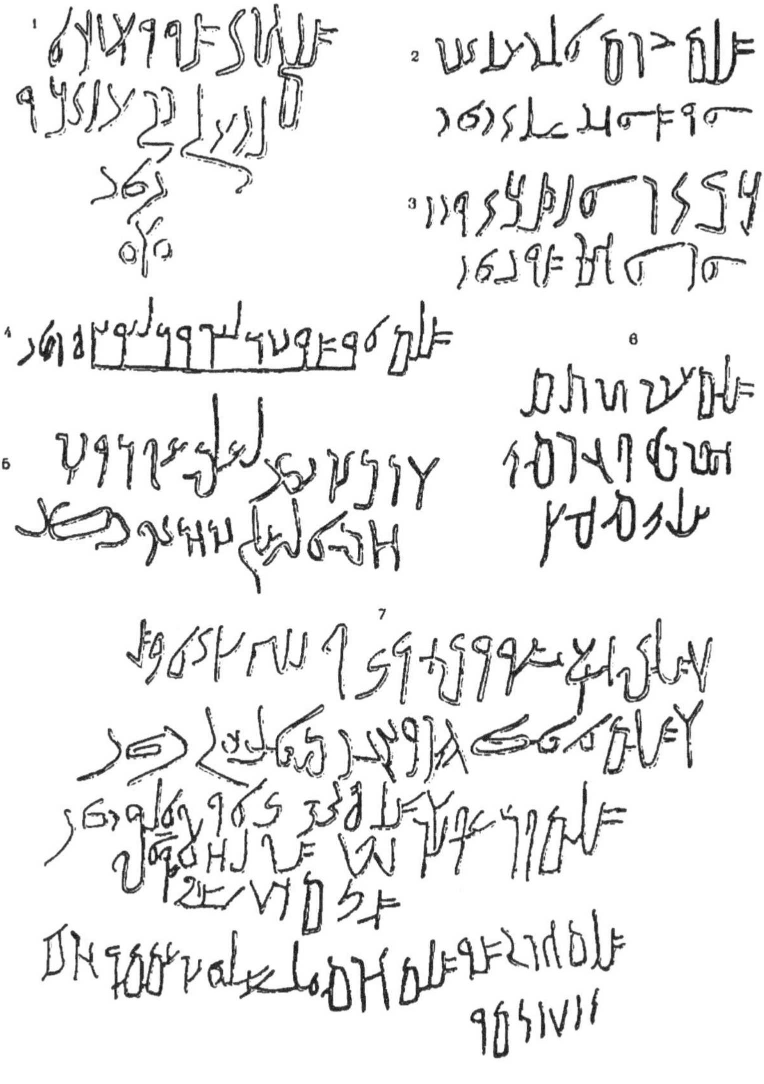
1
2
3
4
5
6
7

1

2

1

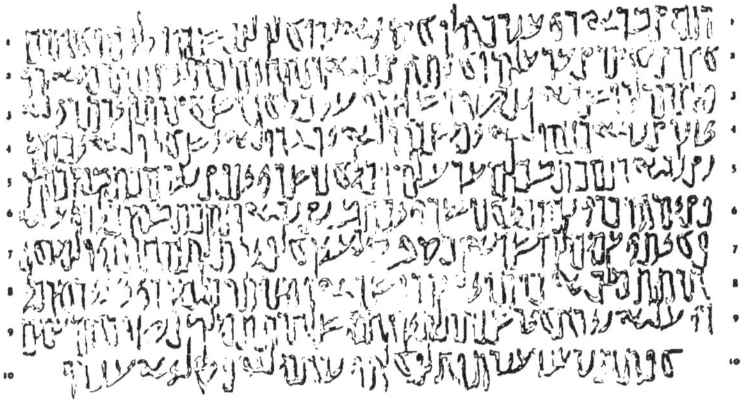

2

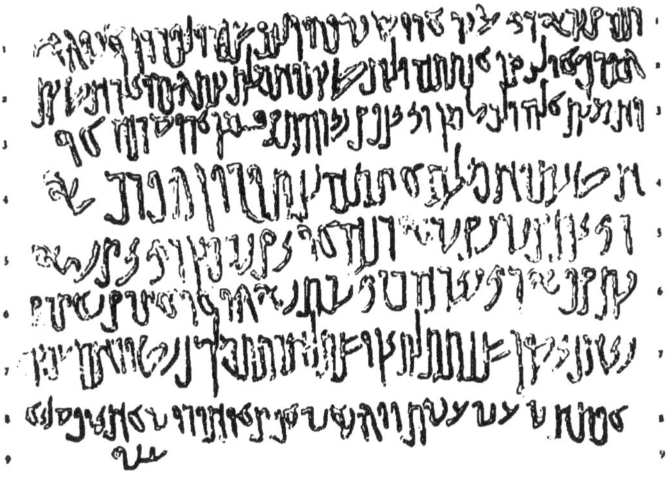

1

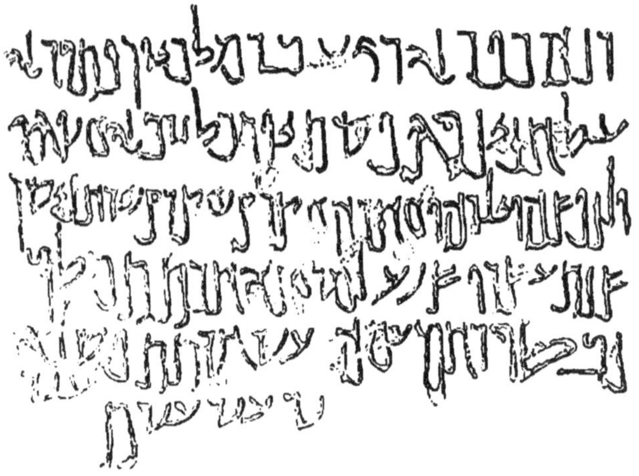

2

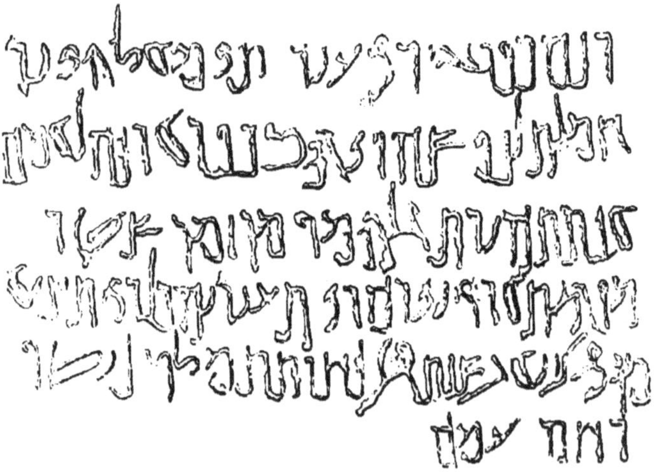

1

2

3

1

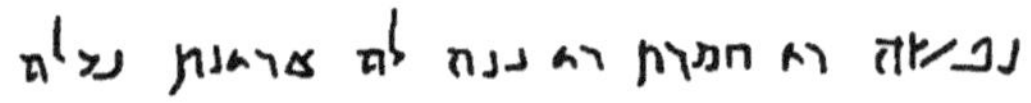

2

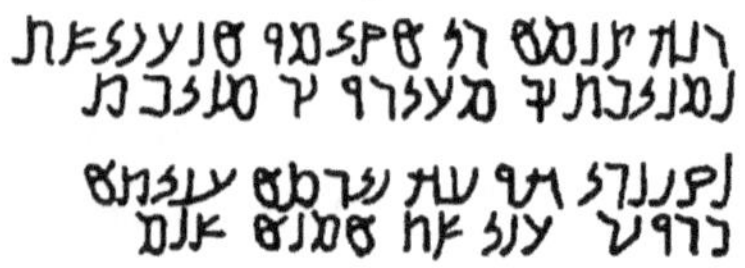

3

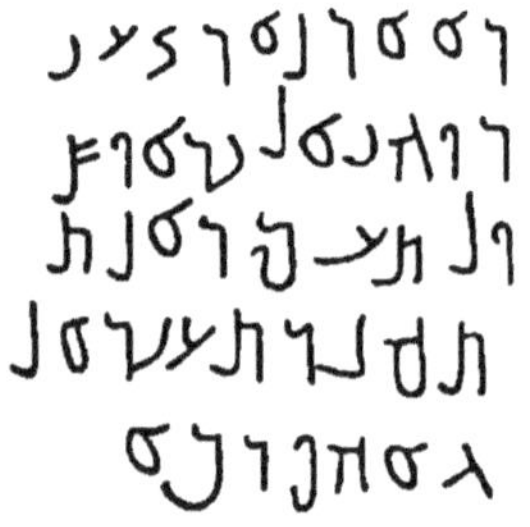

4

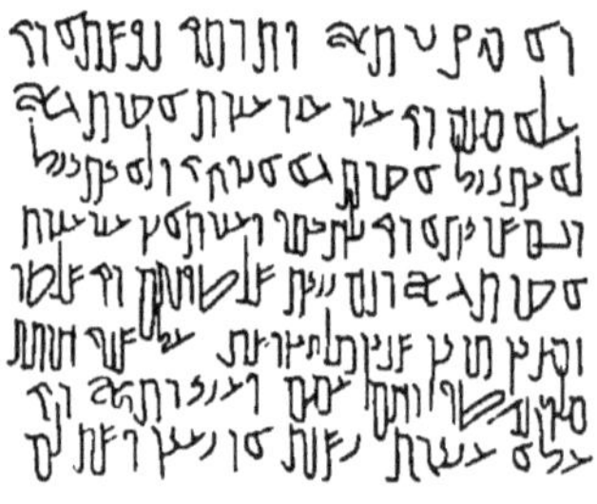

5

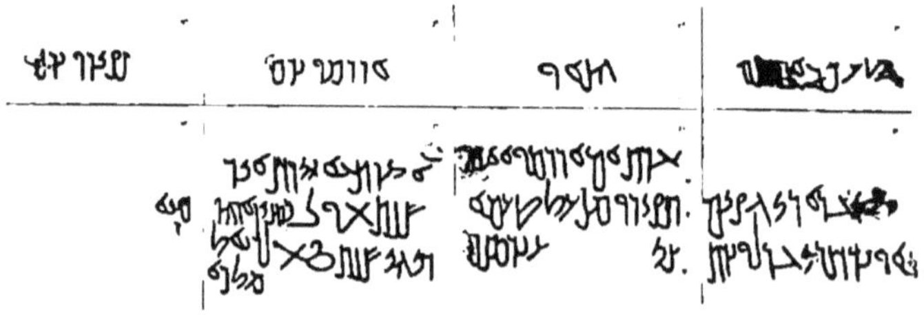

2

1

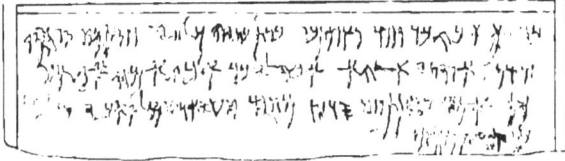

3

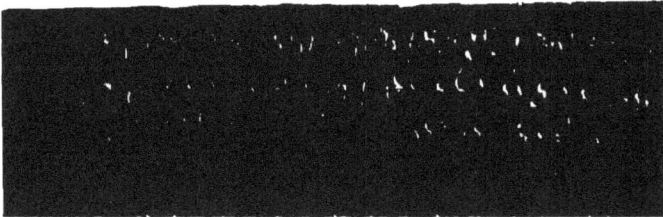

1

2

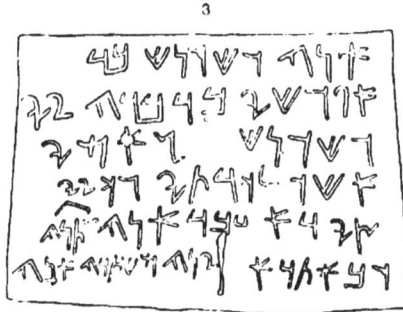

3

4

5

1

2

ARAMÄISCH.

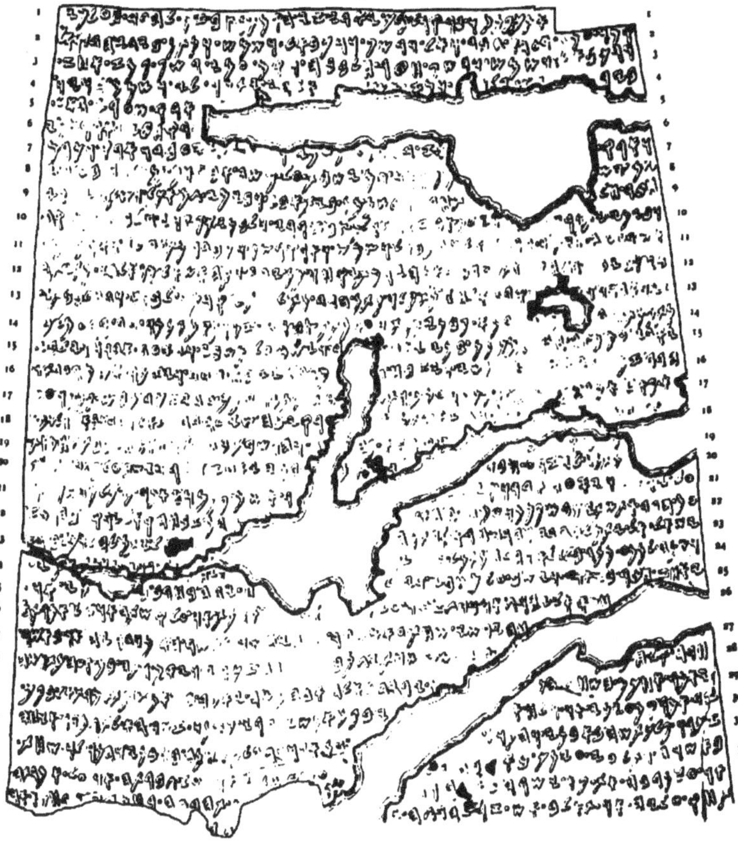

1

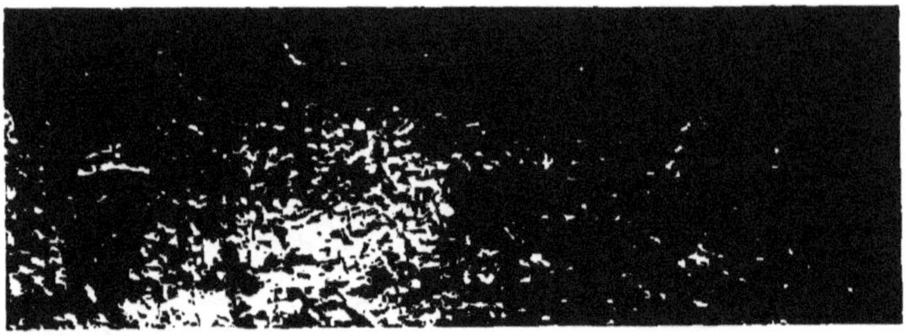

3

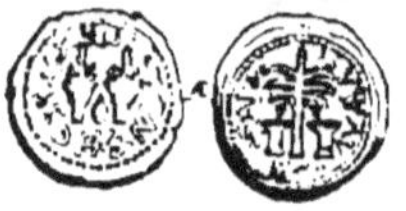

2

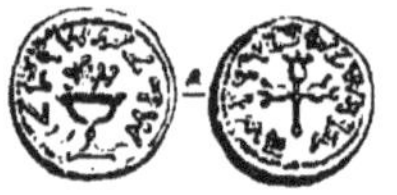

5

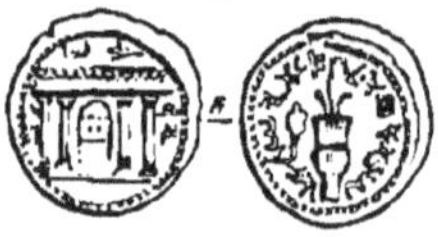

4

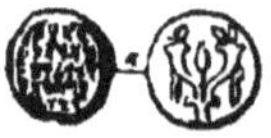

7

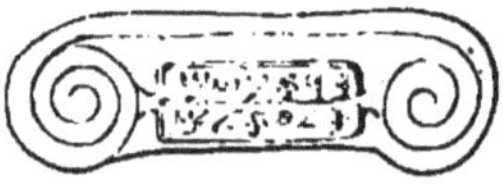

6

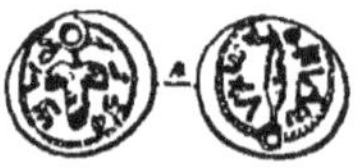

8

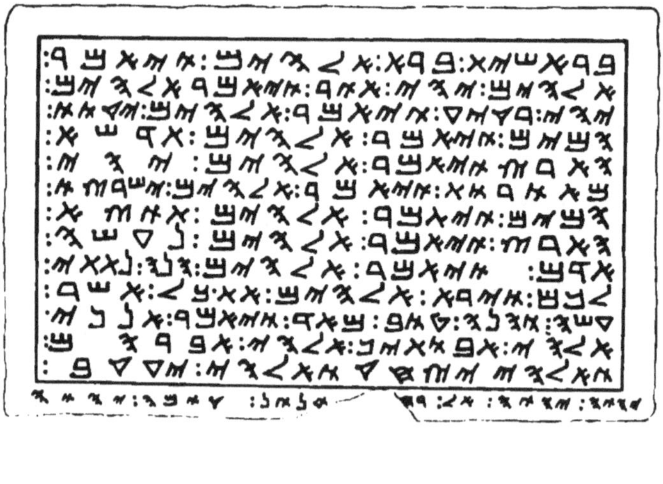

1

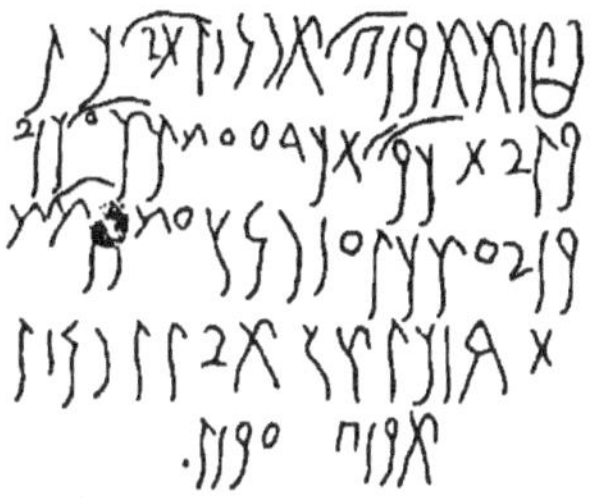

2

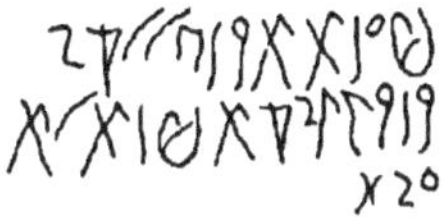

3

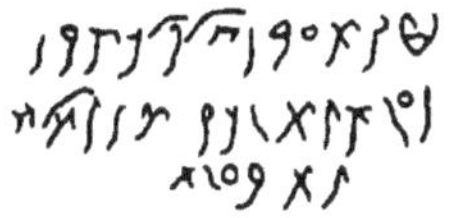

4

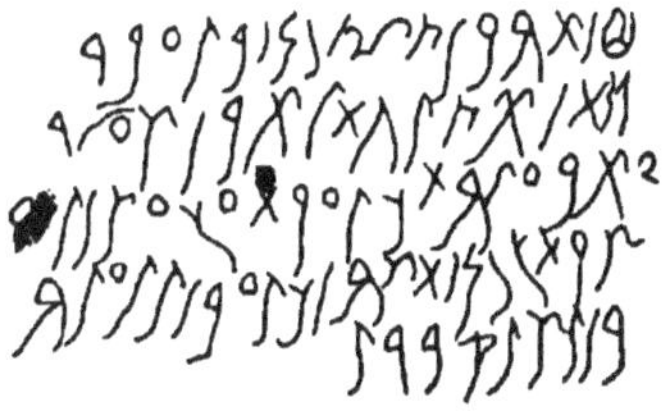

5

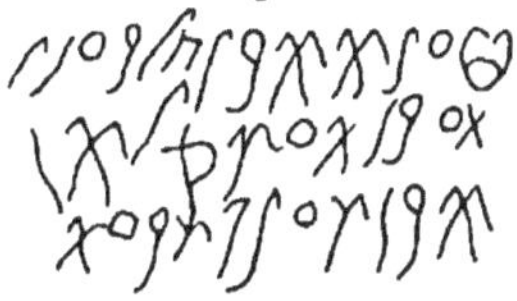

6

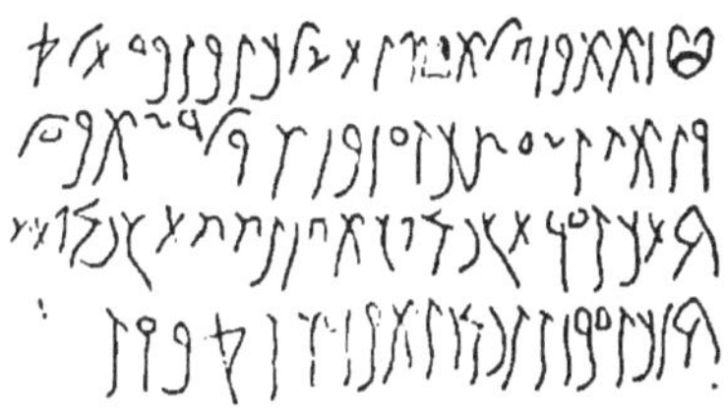

7

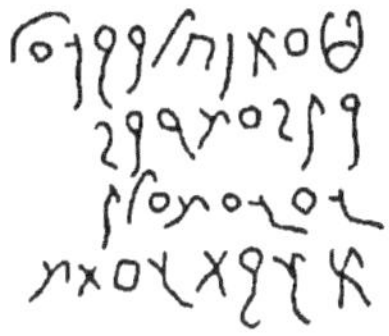

8

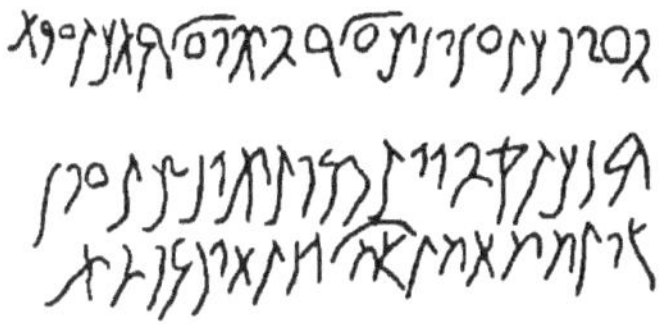

9

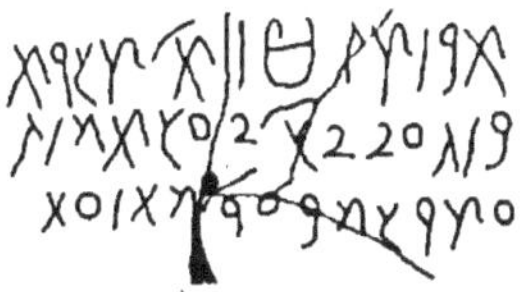

1

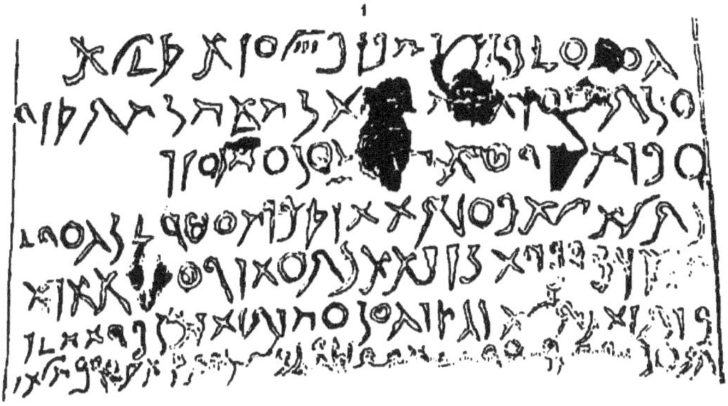

2

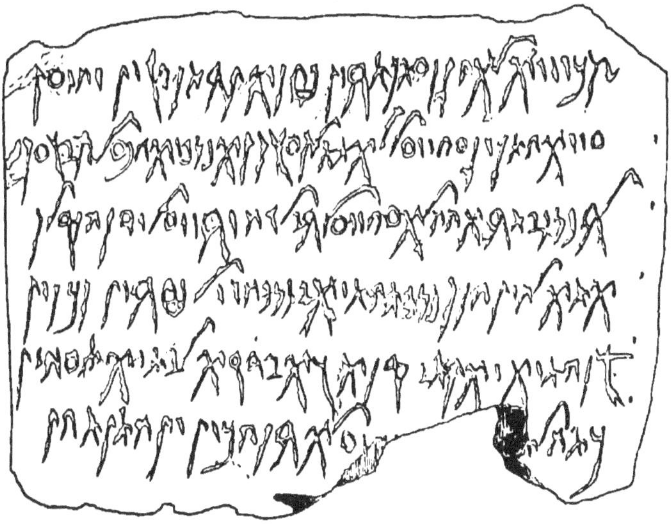

1

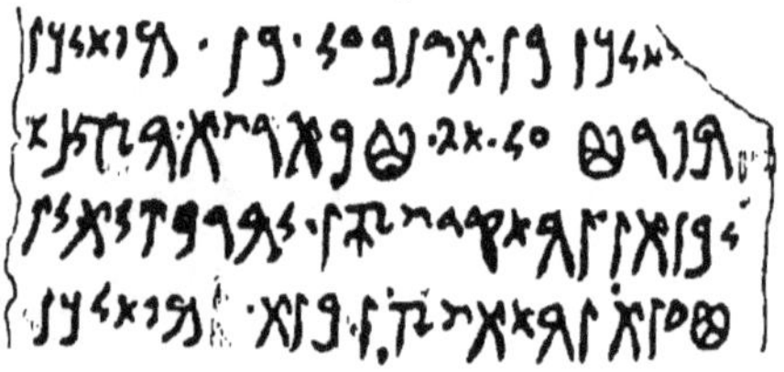

2

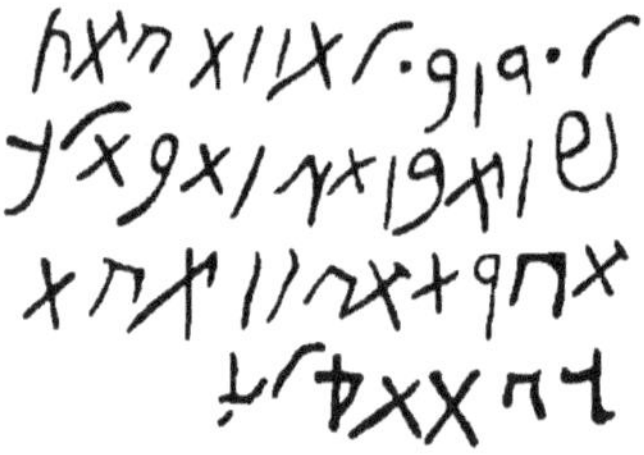

3

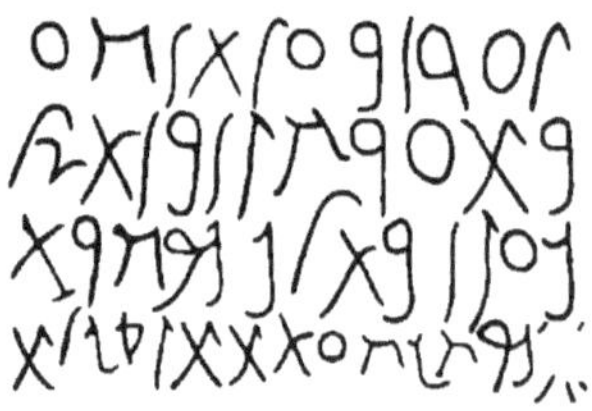

4

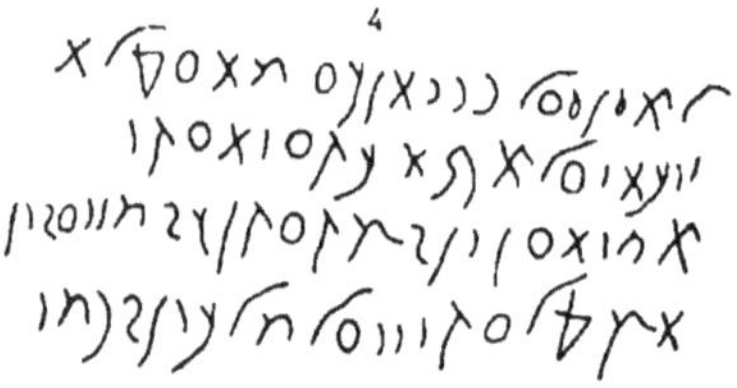

5

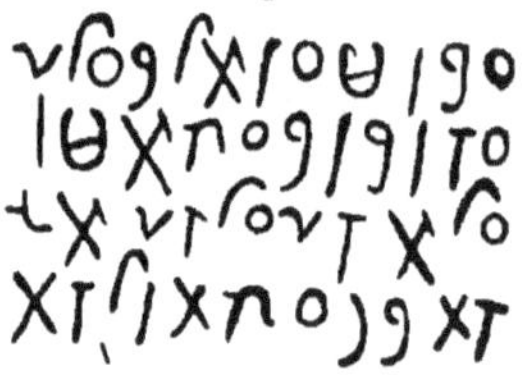

6

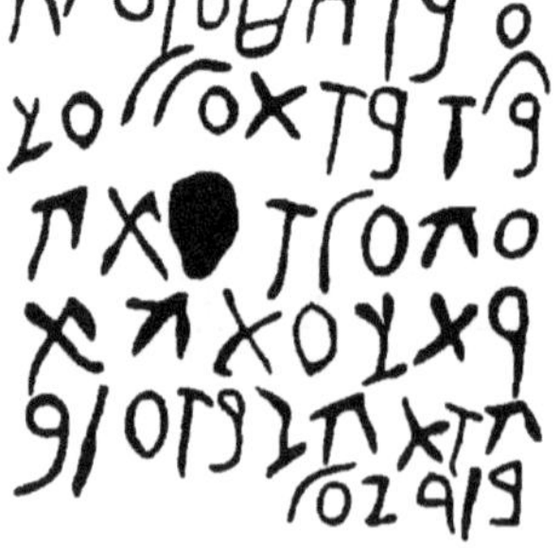

7

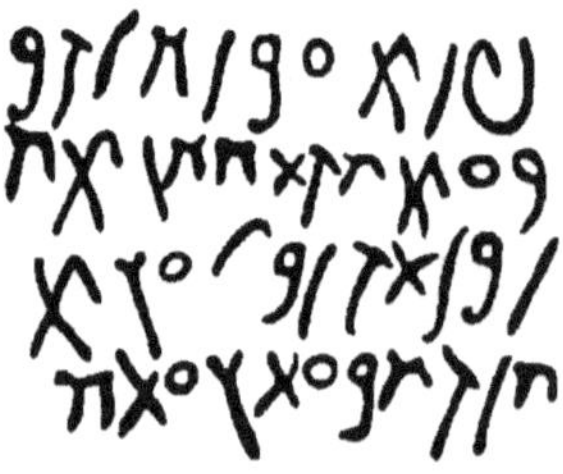

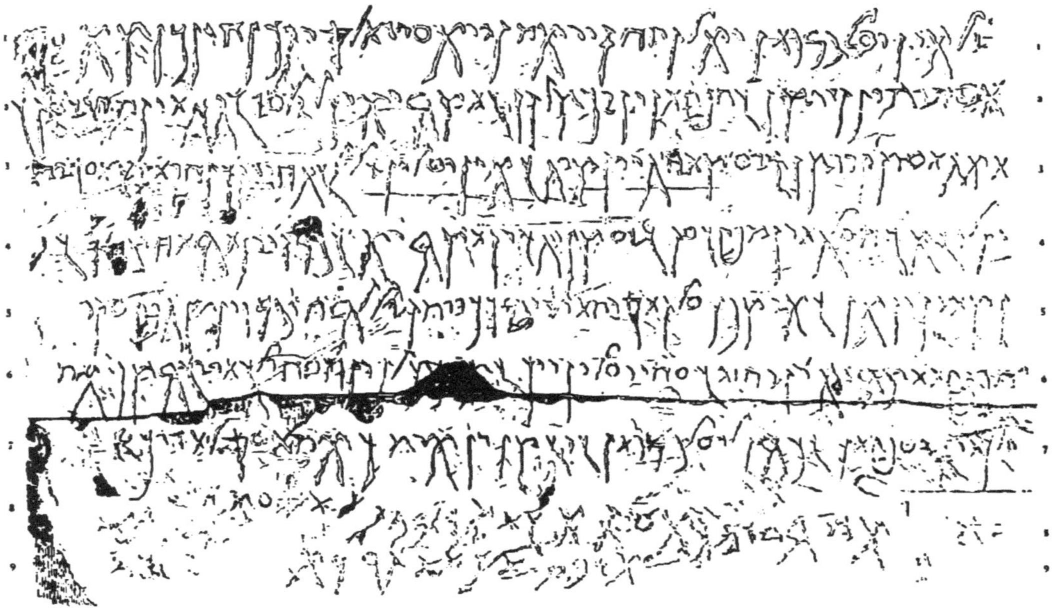

1

2

3

4

5

6

7

8

9

10

11

12

13

14

1

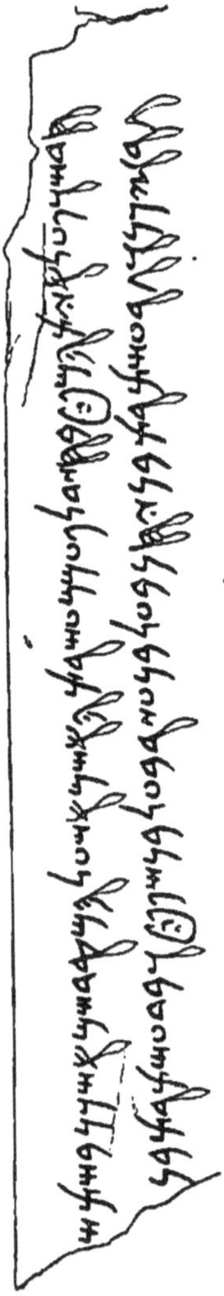

2

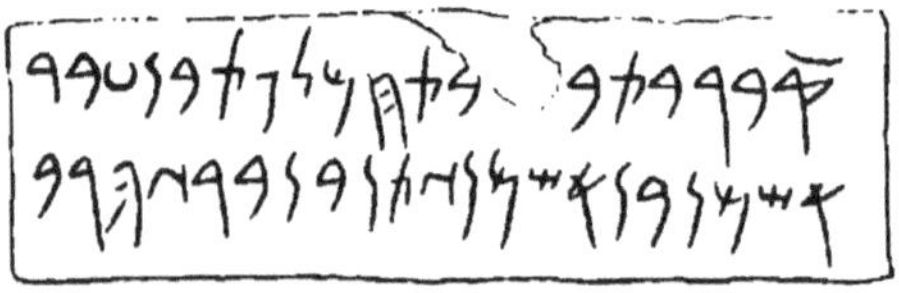

3

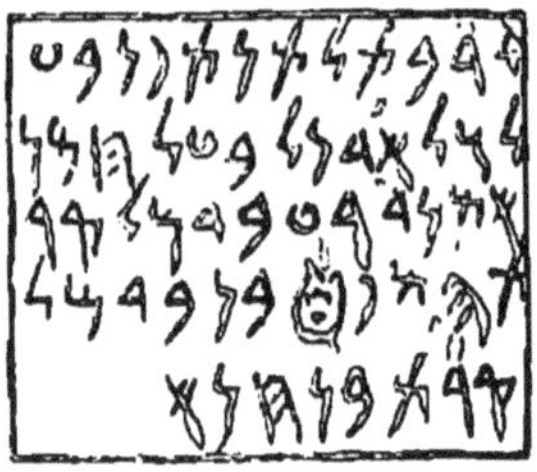

4

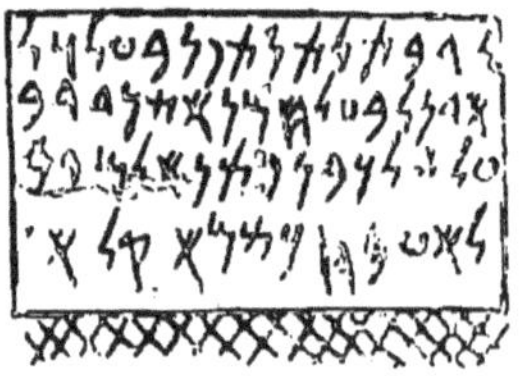

5

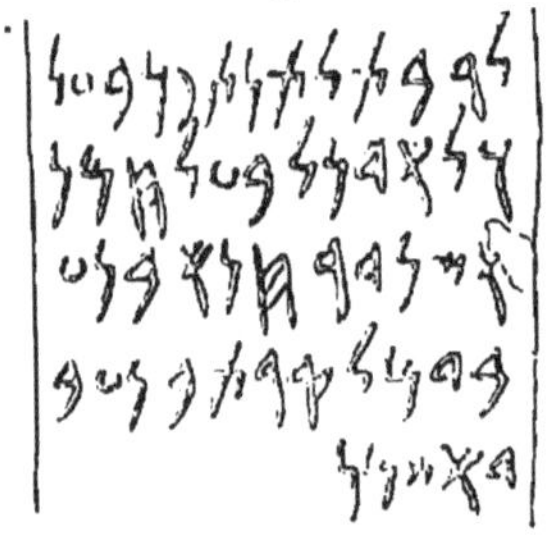

6

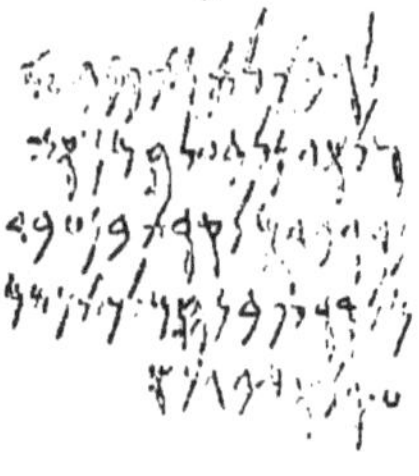

7

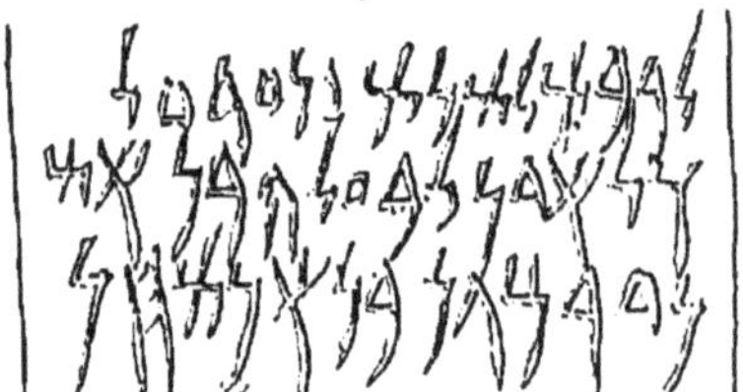

1

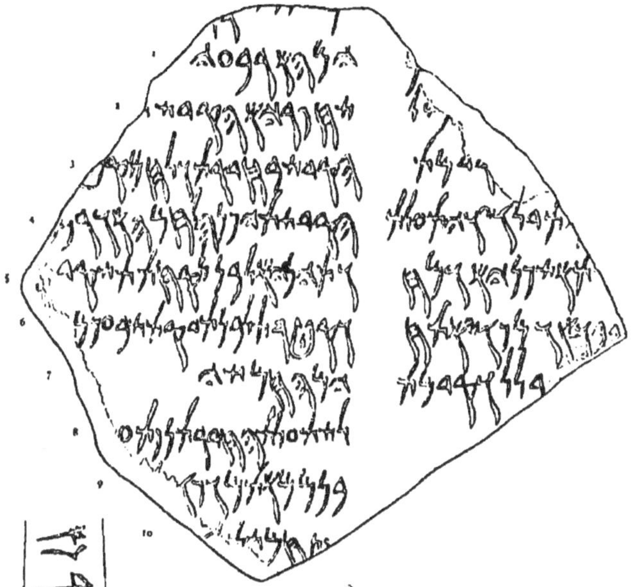

2

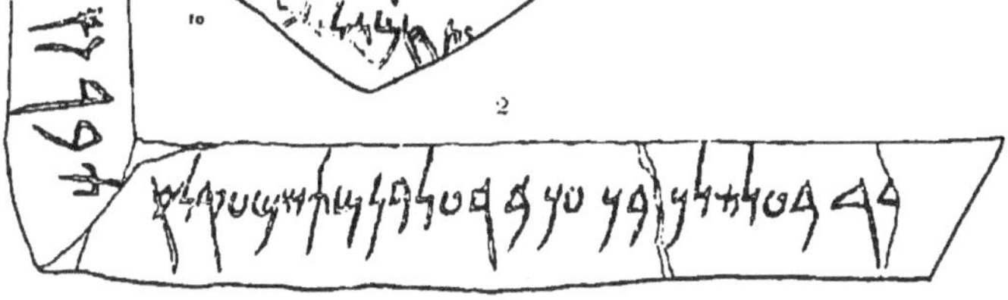

3

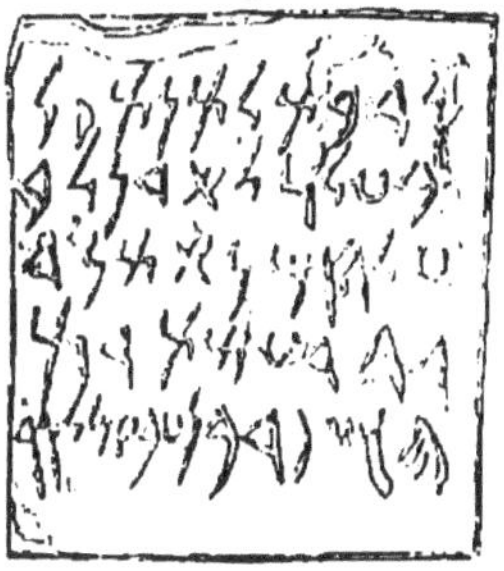

4

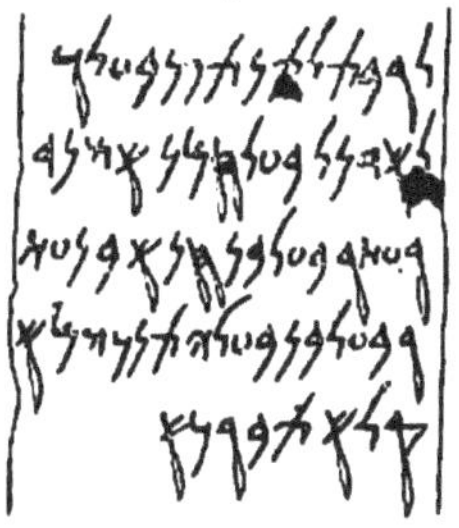

1

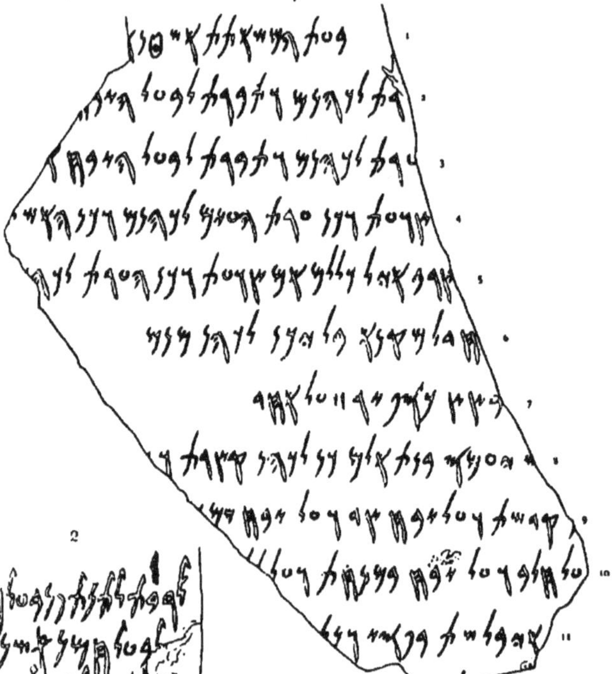

2

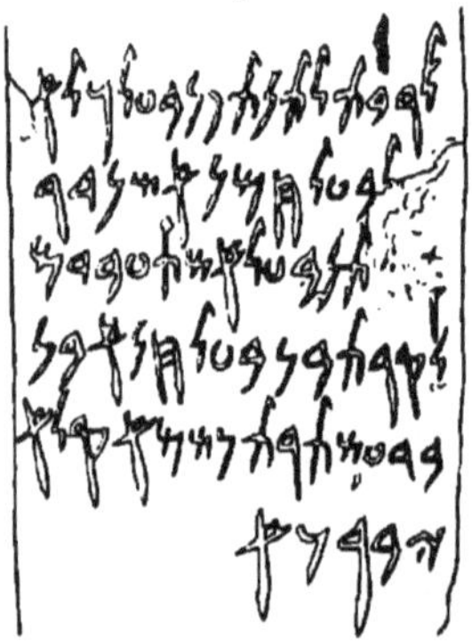

3

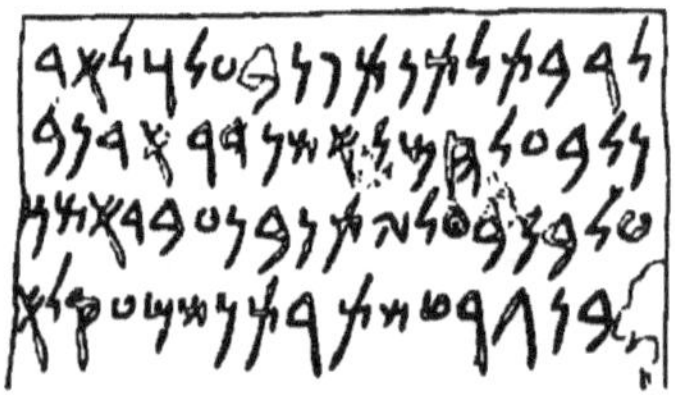

4

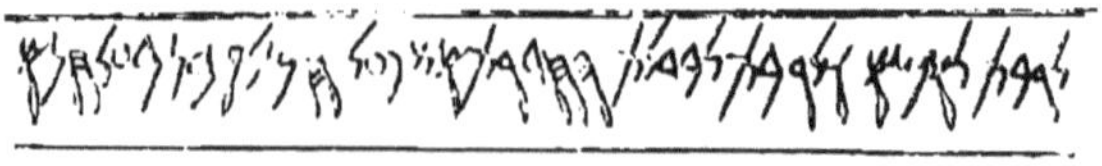

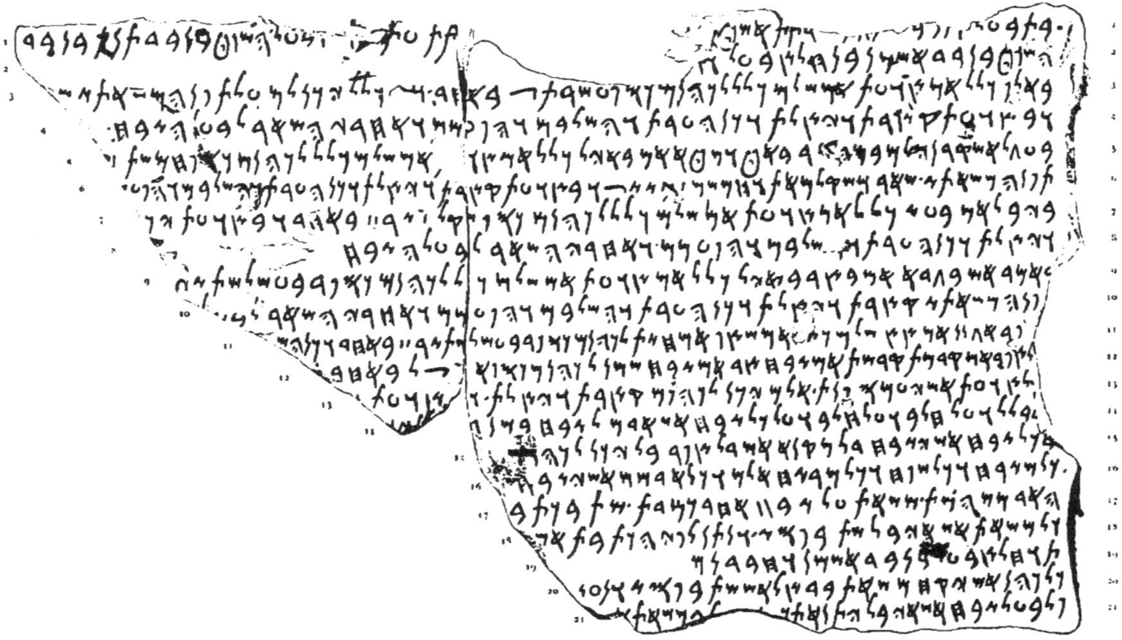

1

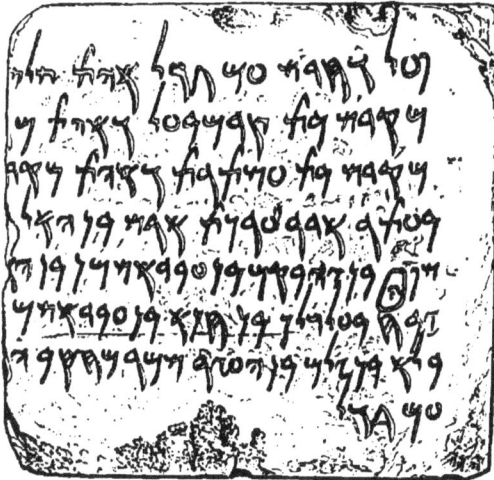

2

3

TAF. VIII.

PHÖNIZISCH

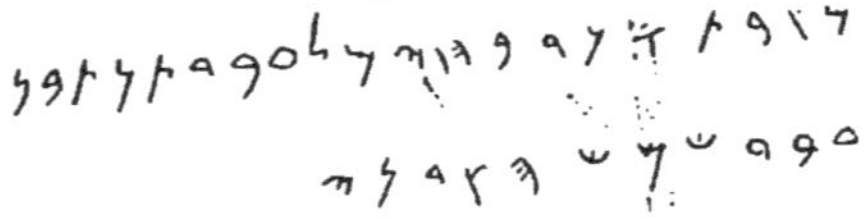

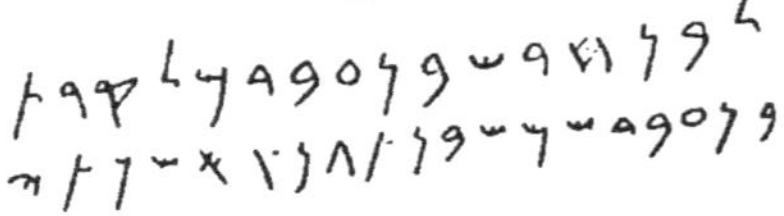

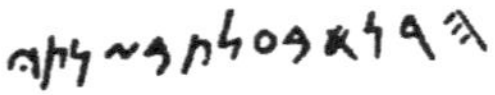

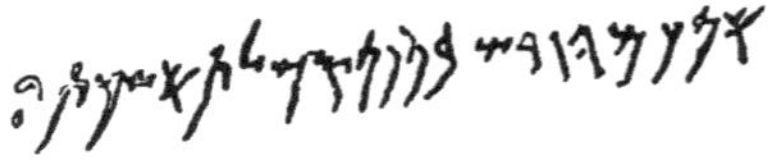

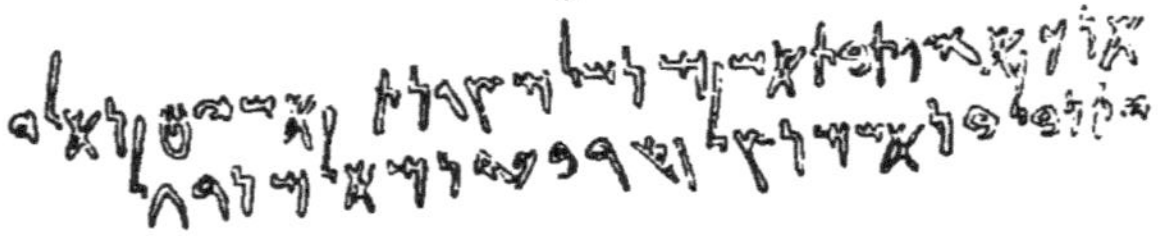

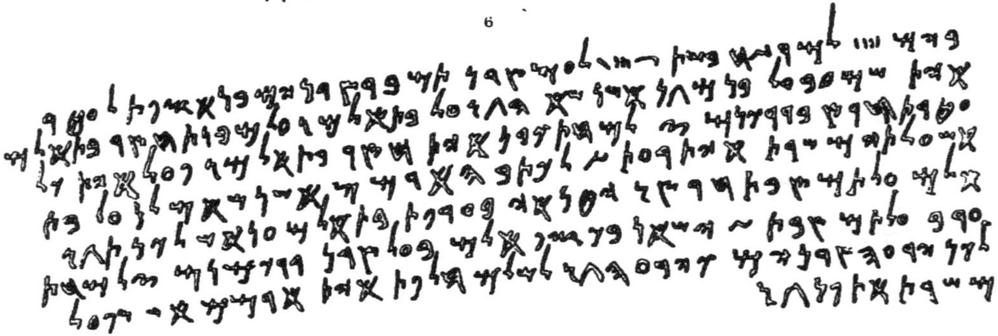

1

2

3

1

2

3

4

5

1

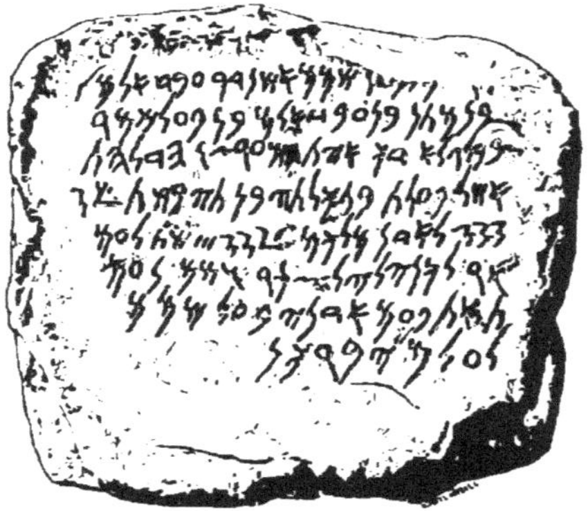

3

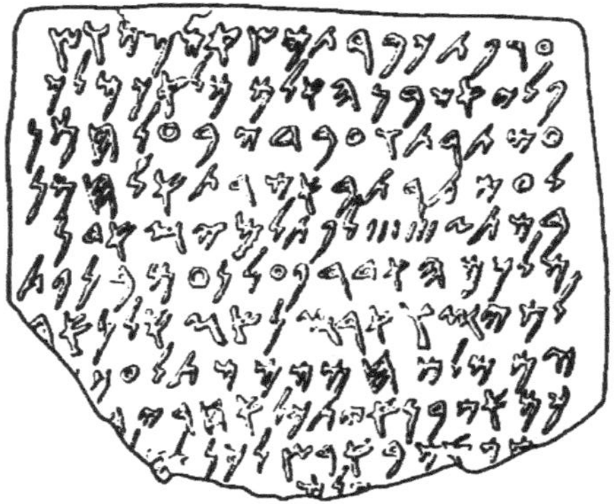

2

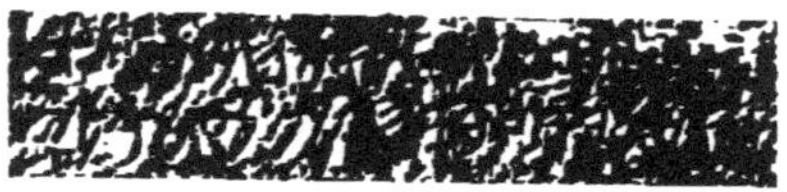

4

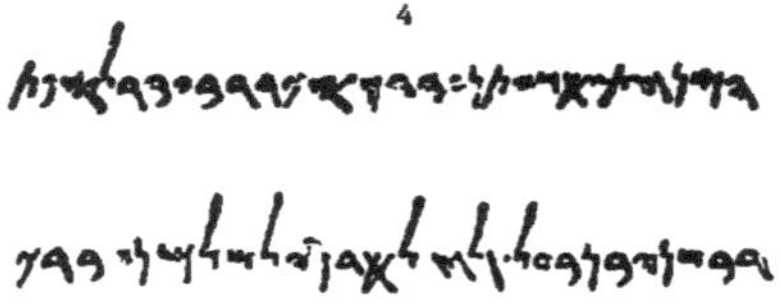

1

2

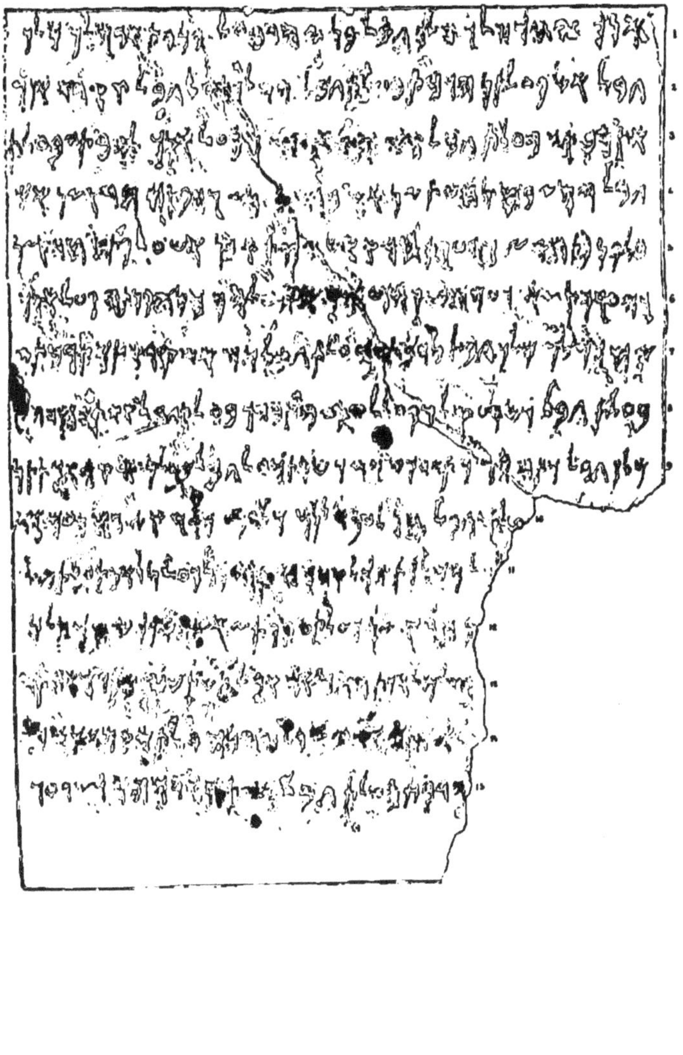

1

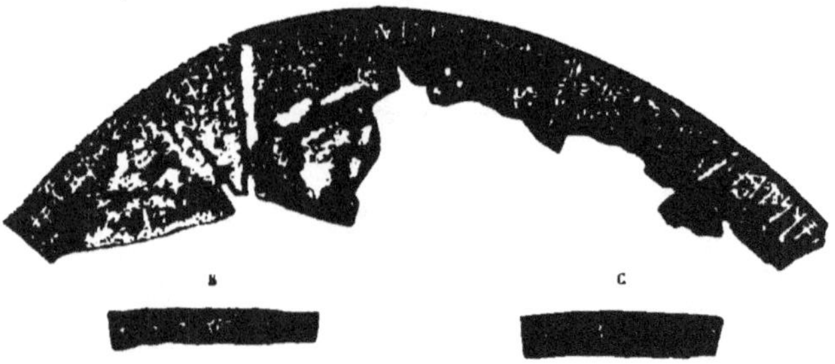

4

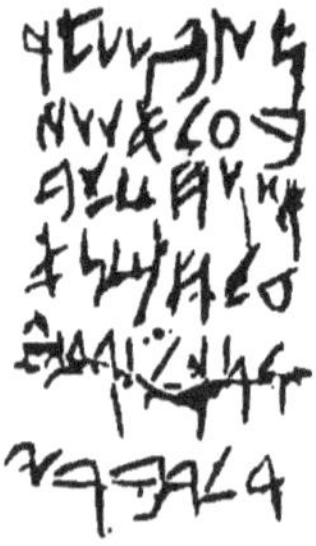

2

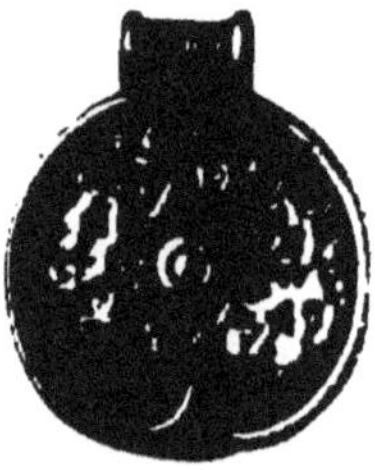

3

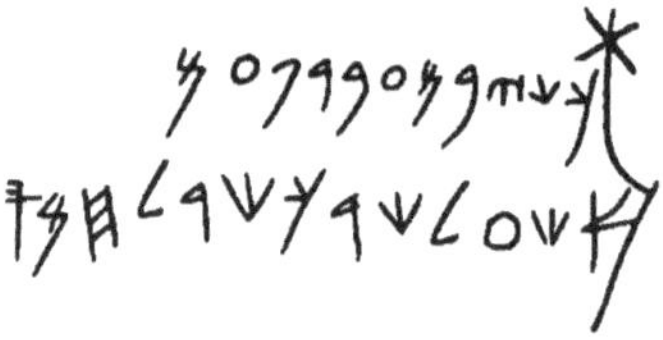

5

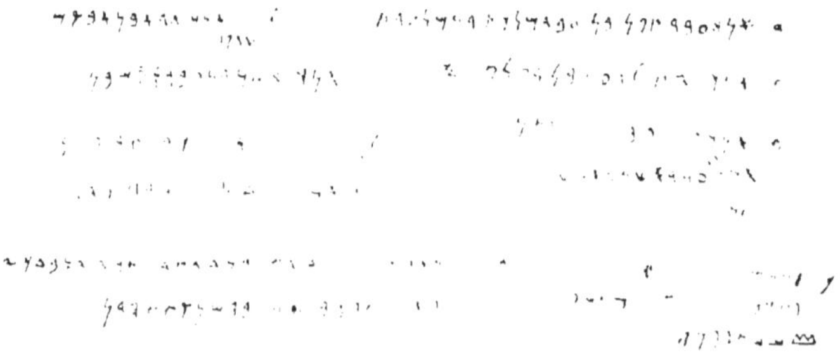

MESAINSCHRIFT.

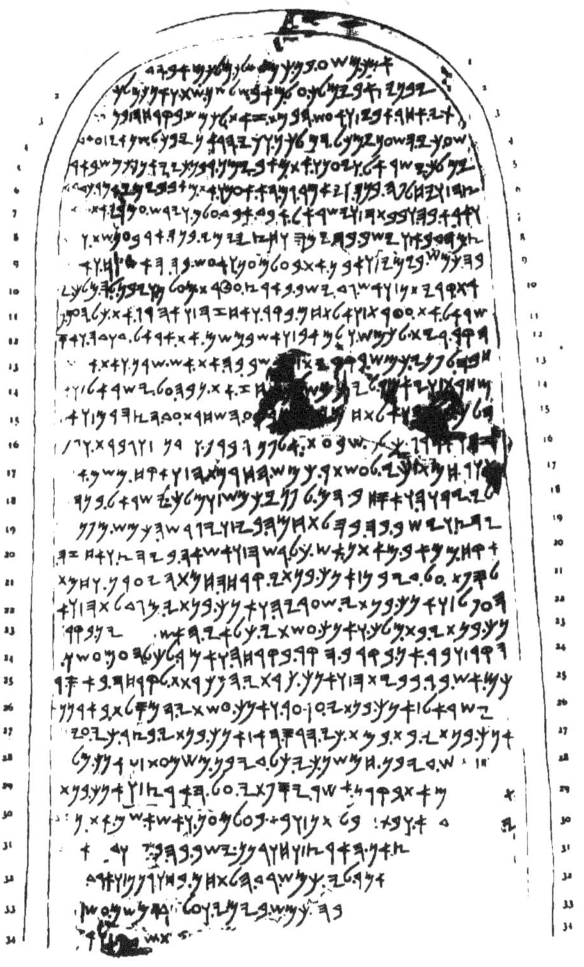

Tafel		Seite
XVII.	Die grosse Inschrift von Altiburus, nach N 599 I, Taf. 2	437
XVIII.	1. nach N 758	434
	2. nach N 185, Pl. 15 und N 264, p. 35	437
	3. nach N 264, Pl. 2	438
	4. nach N 204 a, n° 10	436
	5. nach N 183, Pl. 22	437
	6. „ „ „ 18	437
	7. „ „ „ 16	437
XIX.	1. nach N 599 I, Taf. 1	435
	2. nach N 599 IV	438
XX.	1. nach N 204 a, n° 34	436
	2. „ „ „ 28	436
	3. „ „ „ 24	436
	4. „ „ „ 33	436
	5. „ „ „ 17	436
	6. „ „ „ 32	436
	7. „ „ „ 16	436
	8. „ „ „ 35	436
	9. „ „ „ 27	436
XXI.	1. Siloahinschrift, nach N 782	439
	2. nach N 760, p. 68	439, Anm.
	3. „ „ p. 71	439 „
	4. „ „ p. 78	439 „
	5. „ „ p. 202	439 „
	6. „ „ p. 242	439 „
	7. nach N 875 I, Taf. X, 46	440
	8. nach N 300, Taf. 2	440
XXII.	Hadadinschrift, nach Abklatschen gezeichnet vom Verf.[1]	440
XXIII.	Panammuinschrift, nach N 1098, Taf. VIII	442
XXIV.	Die kleineren Inschriften von Zengirli, nach Abklatschen gezeichnet vom Verf.	443 f.
XXV.	Die Inschriften von Nérab, nach Abklatschen gezeichnet vom Verf.	445
XXVI.	1. nach N 430, p. 181	446
	2. „ „ Pl. VI, 24	445
	3. nach N 1075	446
	4. nach N 875 II, Taf. VII, 104	446
	5. nach N 1036 ?, p. 217	447
XXVII.	Die grosse Inschrift von Teima, nach CIS II, 113	447
XXVIII.	1. nach N 662	448
	2. nach N 230	448
	3. 4. nach CIS II, 141 f.	448
XXIX.	1. nach N 434, Pl. 13, 1	449
	2. „ „ „ 3	449
	3. „ „ „ 14, 3	450
	4. nach CIS II, 166 gezeichnet vom Verf.	450
	5. nach N 847	448
XXX.	1. nach N 832, Taf. III, 1	450
	2. die grosse Inschrift von Petra, nach N 1158 IV	451
	3. nach N 891, Taf. 2 gezeichnet vom Verf.	451
XXXI.	1. „ „ „ 5 „ „ „	452
	2. „ „ „ 7 „ „ „	452
XXXII.	1. „ „ „ 9 „ „ „	453
	2. „ „ „ 10 „ „ „	453
XXXIII.	1. „ „ „ 15 „ „ „	454
	2. „ „ „ 21 „ „ „	454
XXXIV.	aus N 287	455 f.
XXXVI.	aus N 1065	455—7
XXXVII.	1. nach N 875 II, Taf. VIII, 102	457
	2—9. aus N 434, Pl. 1—4	458—61
XXXVIII.	1—4. aus N 434, Pl. 4	461 f.
	5. nach N 875 I, Taf. VII, 4	473
	6. nach N 89, II Taf. zu S. 133	474
	7—10. aus N 434, Pl. 8f.	474 ff.
XXXIX.	1, 2. nach N 434, Pl. 4f.	478 f.
	3. Tarif von Palmyra, Einleitung, nach N 850 Taf.	464
	4. 5. nach N 434, Pl. 1	458
XL.	1. nach N 317 und 605, Taf. 75 gezeichnet vom Verf.	477
	2. nach N 434, Pl. 8, 73	474
	3. nach N 875, I, Taf. VII, n°6	475
	4. nach N 434, Pl. 9, 92	476
	5. nach N 1160, S. 1	476
	6. nach N 434, Pl. 11, 116	476
	7. nach N 1129	479
	8. nach N 1161, Pl. A gezeichnet vom Verf.	479
	9. nach N 851, Taf. n° 1	478
	10—12. nach N 334, Pl. 5	478 f.
XLI.	1. nach N 684	481
	2. nach N 1140, Pl. II, 1 gezeichnet vom Verf.	480
	3—7. aus N 1010	481
	8. nach einem Abklatsche gezeichnet vom Verf.	480
	9. nach N 875 I, Taf. VIII, 19	481
	10. nach N 1046, Taf. gezeichnet vom Verf.	481
	11. nach N 191	482
	12. nach CIL VIII, 2, p. 955	482
	13. nach N 683	482
XLII.	1—8. nach N 434, Pl. 12	483
	9, 10. nach N 98, Taf. III	477
XLIII.	1. nach N 1015, p. XXII	484
	2. nach N 309	485
	3. nach N 1165, p. 228	484
	4. nach N 354, Taf. 70	485
	5, 6. nach N 810	485
	7. nach N 1036 ?, p. 280	483
	8, 9. nach N 789	483 f.
	10. nach N 764	484
XLIV.	Phönizische Schrifttafel, gezeichnet vom Verf.	
XLV.	Aramäische Schrifttafel, dsgl.	
XLVI.	1. Hebräische Schrifttafel, dsgl.	
	2. Zahlentafel, dsgl.	

[1] Unter der Mitwirkung G. Hoffmann's, der sich viel mit der Inschrift beschäftigt und das Original selbst studiert hat. Schade, dass gerade diese Tafel beim Reindruck schlecht ausgefallen ist.

Inhalt und Quellen.

HANDBUCH

DER

NORDSEMITISCHEN EPIGRAPHIK

NEBST

AUSGEWÄHLTEN INSCHRIFTEN

VON

MARK LIDZBARSKI.

II. TEIL:

TAFELN.

WEIMAR
VERLAG VON EMIL FELBER
1898.

Handbuch der nordsemitischen
Epigraphik: Tafeln